Dietmar Herberg

Das Samenkorn
oder
Tagebuch einer Reise

in sechzig Gedichten

Angaben zum Autor:
Dr.-Ing. Dietmar Herberg
Posthofstraße 17
14467 Potsdam
E-Mail: dietmar.herberg@web.de
Webseite: http://www.dietmar-herberg.de/

Geboren im Jahr 1957. 36 Jahre lang war er ein Bauingenieur für den kommunalen Tiefbau. 1989 promovierte er zum Dr.-Ing., war 10 Jahre Leiter eines Zweigbüros eines Ingenieurbüros. In dieser Zeit wurde er Geschäftsführer und Gesellschafter. 2001 schied er aus und arbeitete seitdem in verschiedenen Ingenieurbüros. Seit Oktober 2017 ist er Rentner. Vor 20 Jahren (2000/2001) schrieb er den Gedichtband innerhalb von 7 Tagen als Bilanz seines Lebens.

Cover-Bildnachweis: Abdruckgenehmigung liegt vor
Zitat Zehn Gebote: Abdruckgenehmigung liegt vor
zu Gedicht 52 und 53: aus urheberrechtlichen Gründen nicht abdruckbar. siehe Marlo Morgan: Traumreisende, Seite 333 bzw. Seite 335-343, Goldmann-Verlag, ISBN 3-442-30786-4

Dietmar Herberg

Das Samenkorn

oder

Tagebuch einer Reise

in sechzig Gedichten

Bibliografische Information der Deutschen Nationalbibliothek:
Die Deutsche Nationalbibliothek verzeichnet diese Publikation
in der Deutschen Nationalbibliografie; detaillierte
bibliografische Daten sind im Internet über dnb.dnb.de
abrufbar.

© 2021 Dietmar Herberg
Herstellung und Verlag: BoD – Books on Demand, Norderstedt

ISBN 9783753409177

Inhaltsverzeichnis

1. Das Samenkorn
ihre schlinge um mich ! 16.11.00

halbdunkelheit

eine bar in holz

schwarz, blond, schön
ein wasser, kein kaffee

eine geschichte wird erzählt
eine stunde
durch eine warme, weiche stimme

das leben von zehn jahren
zieht vorbei

liebe fehlt
die im herzen wohnt

in beiden

sie pflanzte ihr samenkorn
in meins

wird sie es pflegen und ernten ?

2. Der Radiergummi
umsonst gelebt ? nein

ein weißes blatt

voll mit
zwei kindern
frau
haus und garten
autos, möbeln, reisen
liebe und streit
zwanzig jahren

drei tage brauchte er
und lies ein leeres blatt zurück

darauf fallen tränen
aus leid, liebe, wut, schmerz
und verzeihen

und

verständnis
welches sich nicht wegradieren lässt

ich lerne lesen, schreiben, malen, singen
und werde das blatt wieder füllen

bis der nächste kommt

3. Park mit B.

branitzer park in cottbus

gestern
vorgestern
vorvorgestern

ungeliebt
gemieden
gehasst im gang mit ihr
warum ?

gestern
heute
morgen

geliebt
gesucht
bewandert im gang mit mir
und ihr ?

warum so oder so ?

egal
beides war richtig
wichtig

4. Der Krug
lebenslektionen

ein kopf
zwei arme
ein rumpf
zwei beine
mittendrin wir

oben offen
unten geschlossen

oben befüllt
mit leben, liebe, leid
freude und hass

ein menschenkrug
ein menschenleben

ohne abfluss
entsteht druck
qual, pein
birst der krug
mit seele in stücke

öffne dich
lies die bruchstücke auf
füge sie zusammen
und lass einen weg

offen
durch dich

5. Sehnsucht
unsere suche nach einheit

eine flucht begann
als kind merkte
ES wird erwachsen

ES floh vor sich
vor ihm
vor dem leben

ein spalt entstand
dazwischen leere
der brückenbau
über die wunde
schmerzt

doch sehnsucht
nach einheit
bindet liebe und kräfte

ES gehört zu ihm
und beide
IHM
in ewiger einheit

voller sehnsucht
bauen beide eine brücke
über die leere

6. Die Fahrt

ein leben in angst

er stieg ein
sah die wogen
und glaubte dem festen holz

es war innen morsch
brach auf einem kamm
entlud sich der last

er schwamm
im meer der angst
schluckte sie
ohne auszuspeien

er versank
er ertrank
und fand festen boden

glaubte dessen worten
lernte atmen
lernte schwimmen
lernte fliegen

die fahrt geht weiter
ohne festes holz
ohne festen boden
ohne angst

7. Stille

hat jeder in sich

hier bin ich
wo, frug er

in dir
wo, frug er

hinter den augen
wo, frug er

in deinem herzen
wo, frug er

sei still
und du siehst mich

8. An Sie
kommst du zu mir ?

du sprichst zu mir
siehst an mir vorbei

du schaust zu mir
siehst durch mich hindurch

du kommst heran
gehst an mir vorbei

doch deine schlingen
binden mich fest

löse sie
um mich zu befreien
und du befreist dich selbst

ich wünsche es uns

9. Stumme Zeugen

bmw 525i und fische

die qual
sie fand einen ausgang
worte, schreien
tränen, schluchzen

er hörte schweigend zu
schwarz
192 ps
und fuhr mich durchs leben

sie hörten schweigend zu
bunt
immer in bewegung
schwimmend durchs leben

stumme zeugen
vor dem gericht des lebens

wertlos, wertvoll

10. Der Fluss
teil des göttlichen planes

er war schon immer da

er wird immer sein

er reißt mit

er ertränkt

er ernährt

er ist schiffbar

er trägt alles

er hat schützende ufer

er hört zu

er spricht still

alles kommt aus ihm
alles geht zu ihm
dies annehmen lässt uns schwimmen
dies ablehnen lässt uns schmerzen

im fluss des lebens

11. Das Buch

die wahrheit

niemand erfand es

denn es ist geist in papier

niemand braucht es

denn es ist geist in papier

alle lesen es

denn es ist geist in papier

lies den geist ohne papier

in den worten des lebens

und das ewige buch gehört dir

12. Der Tod
es gibt ihn nicht

als er kam
war es an der zeit zu gehen
als er ging
nahm er den körper mit

er hat das leben nicht gesät
also kann er es nicht ernten
er kommt und er geht
das leben bleibt

er lebt von der angst
vor ihm
das leben annehmen
ist sein ende

als er wieder kam
fand er leben
und ging

der tod ist ein wort
kein vorgang
kein zustand
kein ende

nur ein wort

13. Die Liebe

schön wäre es

als sie kam
schwanden die sinne

als sie da war
schwanden die sinne

als sie ging
schwanden die sinne

mit oder ohne
schwanden die sinne
wozu dann liebe ?

liebe
keim des lebens
in jedem verankert
unauslöschbar

komm
lass schwinden
die sinne

14. Das Gedicht
ein freches stück

wie heißt du
frug ich ?
gedicht !

wer liest dich
frug ich ?
du !

wer schreibt dich
frug ich ?
der geist des lebens !

wovon lebst du
frug ich ?
von dir !

wo wohnst du
frug ich ?
frag dich selbst !

wozu bist du von nutzen
frug ich ?
und du ! ?

ein gedicht
frech und vorlaut
stellt fragen
gibt keine antwort

15. Charles B.

dichter charles bukowski

ein mann im sumpf

penis in der flasche

säufer

hurenbock

geiler wichser

armut an wert

reichtum an worten

wohnte unten
schrieb für oben
die wissen wollten
wie es unten lebt

ein sohn GOTTES
genährt von IHM
bis ins hohe alter

er hat seine aufgabe
gut gemacht
das alte schwein

in dankbarkeit

16. Wo ist er ?
adolf hitler

klein von wuchs
erwürgt vom leben
mit schnauzer

gepaart mit EVA
verheiratet mit allen
die ihm folgten

visionär mit freiem willen
der noch den staub zermahlen lies
in den er menschen stieß

ein geist des ewigen
verbunden mit GOTT
der ihn schuf

dort wohnt er jetzt
im himmel
so wie wir alle
vorher und hinterher

es gibt keine ausnahme
es gibt keine hölle
es gibt nur die ewige liebe
dort wohnt er jetzt

17. An meiner Hand
uhr dresdner frauenkirche

klein und rund
ein lederarmband
bindet es an mich

ein kleiner sandstein darin
bindet es in mir

fünf spitze türme
der größte in der mitte
dicke mauern
große gewölbe

tod für schutzsuchende
im feuer der orgelmusik

fünfundvierzig jahre
zertrümmert liegendes leben

es keimt wieder
es blüht wieder
fünf knospen wie türme
orgelmusik des lebens

"in dankbarkeit
für die liebe
und das leben"

für die frauen
für die kirche

18. Der Stift
variabel einsetzbar

er hält zusammen
so lange sie es wollen

er ist fleißig
wenn er lernt

er ist spitz
wenn er sticht

er ist weich
in weicher hand

er ist bunt
so man es will

er hält den zahn
so dieser lose

ein stift wie eine feder

benutzen kann ihn jeder

19. Die Perlen
ich wünsche sie jedem

fensterglas
etwas rundes daran

augen
etwas rundes daraus

muscheln
etwas rundes darin

herzen
sammeln tropfen, tränen, muscheln
verschmelzen sie
ernähren sich davon

meine wohnung hat ein fenster
ich weine tränen
und suche noch die perle
für den tiegel im herzen

aus ihm entsteigt die liebe
zu mir
zu ihr
zu allen

perlen der liebe

20. Zwanzig
wortspiel mit dem alter

als nichts mehr einfiel
musste eine zahl her

mal eins
ein zeichen der jugend

mal zwei
ein zeichen der reife

mal drei
ein zeichen des alters

mal vier
ein zeichen der weisheit

mal fünf
ein zeichen für GOTTES segen

ich nehme die fünf
und drei obendrauf

selbst dann ist nichts vorbei
auf der lebensleiter
oben geht es genauso weiter

21.   Der Einwand
das handelnde ego

ich fange etwas neues an
das schaffst du nicht

ich suche eine neue liebe
das schaffst du nicht

ich will dichten und malen
das schaffst du nicht

ich will hoch hinaus
das schaffst du nicht

ich will alles
das schaffst du nicht

dann will ich nichts mehr

das schaffst du
und erhältst alles dafür

22. Von GOTT erzählen

jeder wird es tun dürfen

nun ist es soweit

groß war der bogen
den ich spannte
um ihn herum

weit war der weg
den ich ging
um ihn herum

schmerzhaft die wunden
die darunter her
zu graben brachte

getrübt der blick
den der flug darüber
hinterließ

am ende blieb
der fall in die mitte   des bogens,
des weges
des tunnels
des fluges

er dauert an

23. Ein Sommertag
geistige kastration 06/91

junisonne scheint
besuch ist da
sie ist da
das einsame herz zu erfreuen

streit kam mit ihr
das einsame herz zu quälen

besuch fuhr fort
das einsame herz blieb einsam

junisonne scheint
das einsame herz dauert den geist
er sinnt auf rache am körper
messer her, ab das ding

junisonne scheint
das einsame herz bezwang den geist

alles dran
und doch verloren

24. Der Block
messerphobie - mord

holz
eigentlich schön
gewölbt
mit äußerer glätte
äußerem glanz

standhaft
mit schlitzen für
gewölbtes
mit äußerer glätte
äußerem glanz

stahl
schön, glatt, glänzend
fährt mit der spitze
ein
ins holz
ins fleisch
geführt von
der hand des leides

trennt fleisch
vom leben
nur in gedanken
und doch tödlich
für die seele

holz und stahl
gewölbt, glatt, glänzend
unterlegen dem leben

25. Mütter

grausig und schön

ein jeder kennt sie
liebt er sie auch ?

groß und stark
lieb und gewalttätig
nährend und hungern lassend
kleidend und ausziehend
bindend oft ohne lösung
einfordernd und zurücknehmend
voll güte und auch peinigend

zuviel davon
zuwenig davon
lässt uns verkümmern
wie kiefern am berg
bizarre gefühle
in kälte gepackt

mutter-liebe mich
und lass mich gehen

mütter - ein jeder kennt sie
liebte er sie auch ?

26. Väter
die wahrheit über sie

wer sind sie ?

jäger und sammler
ohne bindung

feuerhüter und nährer
der gewalt
in uns

kinder einer mutter
und doch ohne
vater geboren
der jagte und sammelte
das feuer hütete
und gewalt nährte

väter auf einer kreisbahn
ohne mittelpunkt
für den inneren halt
erzeugen
väter auf einer kreisbahn

zerteilt den kreis
ankert in der mitte
nährt liebe
ohne bindung
ohne gewalt

27. Der moderne Mensch
armut in uns allen

der moderne mensch ist reich
er hat essen und trinken
eine wohnung
ein haus
ein auto
eine frau
einen mann
kinder
eine arbeit
kollegen
kolleginnen
ein hobby
perlweiße zähne

verreist in die armut der welt
kehrt zurück in den reichtum
und
ist doch arm
an sich selbst

kälte macht reich
denn außen ist innen

der moderne mensch ist reich
in seiner armut
wehrt sich gegen
den inneren faden
der glüht
und armut fordert
um reich zu sein
der moderne mensch ist reich

28- Pausen

schöpferisch

ein jeder kennt sie

in der schule willkommen
beim singen erforderlich
in der hast störend
beim gedicht beschämend

hat sie doch güte
im zeichen der unvollkommenheit
die wir dabei an uns erkennen

pausen

sind quellen der bewegung
im stillstand der gedanken

schützt sie
nährt sie

die zeit danach
gehört euch

29. Schreiben
kindheitstraum

kann jemand davon leben ?

sind gedichte essbar ?
kann ein buch ein bett sein ?
ändert ein lied den menschen ?
stürzt ein theaterstück den tron ?

nein
nichtsnutze nutzen nichts

kann ein gedicht das herz berühren ?
kann ein buch trost spenden ?
kann ein lied freude bereiten ?
kann ein theaterstück lachen lassen ?

ja
nichtsnutze nutzen etwas

kann jemand davon leben ?

30. Die Quelle
liegt in jedem von uns

innen verborgen

unter druck stehend
einen weg nach draußen bahnend
sich durch gänge zwängend
alles beiseite drückend
die harte hülle aufreißend
sich nach draußen ergießend
luft atmend
sonnen wärmend
überflutet es alles
und bleibt doch
weich, zart, durchsichtig

es quillt aus mund, nase, ohren, der haut
es dringt aus allen poren
und ist doch nicht von mir

geboren innen
lebt es außen
quillt hervor
sprudelt
sammelt sich zu bach
und reißendem strom
reißt mich hinweg und mit sich
versiegt im meer
taucht hinab
und bleibt

innen verborgen

31. Kein Ende

unser geist lebt ewig

vorher
der anfang
hinterher
der anfang
dazwischen
kein ende

wie ein kreis
und doch sich
windend nach oben
ins nichts
ins ende

keine bahn führt zurück
der anfang schwindet
so auch das ende

ein fliegender kreis
auf einer spiralenbahn

kein anfang
am anfang
kein ende
am ende

nur eine bahn

32. Der Berg

unsere ohnmacht und grenze

von oben spitz
von unten breit
von der seite hoch
im innern fest
steht er auf dem
was ihn schuf

die flanke
rauh
gepanzert mit eis
erinnern nicht an den
erguss aus den gluten

ein eisen
ein seil
ein körper
entführen seine unschuld
in die hast des lebens
die daran zerschellt

er war vorher
er ist jetzt
er wird sein
wenn das eisen verrostet
das seil gerissen
der körper zerfallen

und die unschuld
wieder hergestellt

33. Die Reise
heimkehr zu GOTT

nimm mich, nimm mich, nimm mich
alle wollten mit
auf die reise zu IHM

du nicht, du nicht, du nicht
fiel das wort wie ein schwert
ihr seid es noch nicht wert

er allein wollte es sein

die reise begann
und es fehlte
ein rad
ein segel
ein blatt
unbesetzt alles
und er
schon matt
trieb ab
verloren im strudel der nacht

nimm mich
ich habe acht
auf die anderen

34. Mein EGO
der quälgeist im körper

als ich geboren wurde
und es schmerzte
warst du da

als die katze mich kratzte
und es schmerzte
warst du da

als der kleine hund mich biss
und es schmerzte
warst du da

als ängste meine träume besetzten
und es schmerzte
warst du da

als mutter mich schlug
und es schmerzte
warst du da

als der arm brach
und es schmerzte
warst du da

als das herz an ihr starb
und es schmerzte
warst du da

als der unfalltod vorüber
und es schmerzte
warst du da

als die seele brannte
und es schmerzte
warst du da

immer warst du für mich da
mehrtest den schmerz
bandest mich an den körper
trenntest mich
von mir
von IHM

ich trenne mich von dir
baue die brücke zu mir
zu IHM

behalte den körper

wo ER einzug hält
ist kein platz für dich
und die schmerzvolle hilfe

scheiden tut weh

ich werde es ertragen
mir zuliebe
dir zuliebe
IHM zuliebe

35. Leichtigkeit
die gibt es wirklich

ein blatt
berührte deine wange
und zerfiel

eine feder
berührte deine wange
und zerfiel

ein warmer hauch
berührte deine wange
und zerfiel

ein kuss
berührte deine wange
und zerfiel

alles ist so leicht

seit deine wange
mir gehört

36. Die Wunde
lässt uns reifen und wachsen

ein ritz
als ich klein war

ein schnitt
als ich größer wurde

eine fleischige
als sie mich verließ

angst und lieblosigkeit
nähten sie zusammen

fleisch faulte, eiter trat aus
qualen entströmten ihr
besetzten die träume

druck von außen
quetschte innen
bis sie barst
faules abstieß

neues fleisch
schließt von innen
alte wunden

mut und liebe
nähen sie zusammen

die wunde
wunderschön

37. Ein Fremder im eigenen Haus

keine unklarheiten mehr

tage
wochen
monate
der arbeit
vor der arbeit
nach der arbeit

geld
angst
schweiß
fraß es auf
wie ein staubsauger

holz
putz
ziegel
fliesen
schmücken es aus
wärme im ganzen haus

jetzt
fremd

er ist da

38. Das Drama

live ohne regisseur: 4.-7.11.00

jeder kennt es
überall spielt es

sonnabend: *ich ziehe aus*
                      sagt sie

sonntag: *ich ziehe aus*
                      sagt er

montag: *ich ziehe ein*
                      sagt er

dienstag: *er ist ausgezogen*
                      er ist eingezogen

mittwoch: *sie wohnt dort*
                      die kinder wohnen
                      dort
                      er wohnt dort

                      er wohnt hier

kurz gesagt
tapetenwechsel

im theater des lebens
mit 3 akteuren

39. Die Bilanz
ihre dauerfragen = dauerstress

was gibt es noch zu tun im büro ?
sagt er
wo kommt noch geld rein ?
sagt er
wie ist die bilanz ?
sagt er

hier ist noch was zu tun am haus !
sagt sie
wir brauchen noch mehr geld !
sagt sie
wie ist die bilanz ?
sagt sie

ich weiß es nicht
sag ich
ich weiß es nicht
sag ich
ich weiß es nicht
sag ich

quersumme null
in der bilanz des lebens

start mit null

eine gute bilanz
für den anfang

40. Das Samenkorn
meine schlinge um sie ? 18.11.00

drei tage
die andauern

erster tag, donnerstag
eine geschichte
erzählt
von einer warmen weichen stimme
ihr samenkorn in meinem herzen

zweiter tag, freitag
alltag an der bar
lärm, hektik, bewegung
ein ellenbogen
stößt und verletzt
ihre stimme
spricht es aus
sie ist zart, zerbrechlich

dritter tag, sonnabend
alltag an der bar
ruhe, gelassenheit, vertrauen
etwas positives geschieht heute
sagt sie
ja
sag ich
und gebe ihr acht seiten papier

mit der geschichte ihres lebens

das ist mein samenkorn
in ihrem herzen

ich will es pflegen und ernten
sie auch ?

41. Der Bär
sie und ich und kein ende ?

ein bär
eine höhle
honig darin

kreise geht er
darum
daran vorbei

sie ist geschlossen
oder
offen
und
sie nicht da

er kreist sich ein
in ihrer schlinge
aus honig

ein bär
eine höhle
ihre höhle
beider höhle

voll honig

42. Die Jungfernschaft
lernen durch leiden ? sterben

jede jungfernschaft
endet mit dem tod

ich starb im leben
welches mich neu gebiert

von liebe schreiben
ohne leid zu kennen
geht nicht

von mut schreiben
ohne angst zu kennen
geht nicht

vom tod schreiben
ohne das leben zu kennen
geht nicht

kein leben endet mit dem tod
denn auf dem weg liegen
ein totes baby
ein totes kind
ein toter junge
ein toter mann
ein toter großvater

jede jungfernschaft
endet mit dem tod

unser geist stirbt nie

43. Die Verantwortung
ich stelle mich ihr

willst du sie nicht tragen

willst du sie anderen überlassen

sollen sich schwächere als du
niederdrücken
die bereit sind
sie zu übernehmen

doch

ich will sie ertragen
ich will entscheiden
ich will verantworten

was mit geschliffenem
wort geschieht

das trennen kann
das zerstören kann
das töten kann

dies zu wissen
und doch zu schreiben
soll mein teil
der verantwortung sein

44. Der Größenwahn
im psychorausch 08/99

kann es sein
dass ein einzelner mensch
für alle spricht
und dabei denkt

GOTT spricht durch mich

eine sense trennt
hundert ähren vom halm
ein gedanke
kann tausendfach stärker sein

45. Hund mit Falken

realer traum 27.-28.12.00

hunde

sie machten todesangst
man jagte mich damit
sperrte mich in ihren käfig
sprangen mich von hinten an

ich schlief mit ihnen
viele hundertmal

sie jagten mich
sie bissen mich
sie sprangen mich an

sie waren die angst
die aggression
in meinen träumen
alpträumen

vor einem jahr

zährtlich im gesicht gelekt
sitzend, weinend, schreibend
auf einer alm

in einer nacht
aneinandergeschmiegt: er und ich
eine stimme sagt
gut gemacht

wer ?

heute nacht

groß
braun
schön
pfoten auf meinen schultern
kopf an kopf

zährtlichkeit austauschend

mit falken
auf meiner hand

46. Die Kreissäge

aus werner holt: realer traum

ein fernseher

stille

ein mann

ein folterknecht
eine kreissäge
in einem sägewerk
hinter holz verborgen

ein schrei

ein geteilter mann

ein folterknecht
eine kreissäge
in einem sägewerk
hinter holz verborgen

ein kind
ein bett
ein traum
ein alptraum
es sei der mann

stille
ein mann

40 jahre alt
familienvater
hausbesitzer
in einer firma
gesellschafter
geschäftsführer

ein bett
ein traum
ein alptraum
eine motorsäge
sonst bäume fällend

von hinten
von oben
teilt sich der traumkörper

im freien spalt
das sägeblatt

schließt sich wieder
wie ein reißverschluss

ein geteilter mann

keine kreissäge mehr
kein alptraum mehr

47. Der Elefant, Teil I
aus wickinger in afrika: realer traum

nur ein film

gefangene reiten
auf einem elefanten
aus holz
der rüssel
aus stahl
zu einem schwert geschliffen

staub zu beiden seiten
als die hälften darin fallen

ein kind
ein bett
ein traum
ein alptraum
es sei der gefangene

30 jahre später
ein hof
mit wütendem elefanten
mit glühenden stoßzähnen
des todes

angst im traumversteck
der hof hat ein tor

zum glück

48. Der Elefant, Teil II
aus kinderfilm: realer traum

nur ein film

ein elefant
ein gefangener
vergraben im erdkörper
freier kopf
schweigt
antwortet nicht
schreit
unter dem fuß
des elefanten

wie ein bolzen
in die erde getrieben

ein kind
ein bett
ein traum
ein alptraum
es sei der gefangene

30 jahre später
haus der kindheit
wohnzimmer, küche
wütender elefant mit stoßzähnen
des todes
springt an die wände
sie halten

er schaut zu
von außen
geht weg
wie der elefant

49. ~~Wer~~ Was bin ich ?

wir sind alle gleich

ich bin

voll liebe
wärme
harmonie
und frieden

ich stehe fest
im hier
und jetzt

ich vertraue mir
ich vertraue anderen
ich bin voller selbstvertrauen
sicherheit
und liebe

ich bin eins mit mir
meinem höheren selbst
mit GOTT

ich bin einzigartig
ich bin glücklich
ich bin erfolgreich

ich bin
ein kind GOTTES

wie alle
wissen sie es ?
sind sie glücklich ?

50. Bürogespräch mit Monolog
wir sterben ohne wurzeln

pflanzen besprechen
rettet sie
sagt jemand

in allem ist leben
pflanze
baum
stein
sage ich

das gehirn tod
das holz tod
der stein tod
ohne den geist
der geburt
von GOTT

wir sind pflanzen
bäume
mit wurzeln
in der erde

unzählige früher
viel weniger heute
noch weniger morgen

unsere wurzeln sterben
wie die arten
dann sterben wir
wofür ?

51. Stellt euch vor

haltet ein – ein jeder selbst

unsere erde
rund
voll leben
angebohrt
abgesprengt
entwurzelt
umgegraben
bebaut
befahren
verseucht
und lebt noch
wie lange ?

euer kopf
rund
voll leben
angebohrt
abgesprengt
enthaart
umgegraben
bebaut
befahren
verseucht
und lebte er noch ?

wünscht ihr es
ertragen zu wollen

euer kopf ist die erde
innen krank, außen krank

stellt euch das vor
ihr menschen

52. Das schönste Gedicht und nicht von mir

ohne worte – selber lesen

Botschaft aus dem Ewigen
aufgeschrieben von Bea Lake

Ewige Einheit

D…..,

D…..,

L…...

M…..

M…..,

H…..,

L…...

M…..

U…...

U…..,

M…..

U…...

Aus urheberrechtlichen Gründen nicht abdruckbar.
(siehe Marlo Morgan: Traumreisende, Seite 333
Goldmann-Verlag, ISBN 3-442-30786-4)

53. auch das noch

wer weiß es für sich ?

ein gedicht für dich

du sollst nicht
sagte der großvater

du sollst nicht
sagte die großmutter

du sollst nicht
sagte der vater

du sollst nicht
sagte die mutter

du sollst nicht
sagten die älteren brüder

du sollst nicht
sagte der nachbar

du sollst nicht
sagte der lehrer

du sollst nicht
sagte der pfarrer

was soll ich dann
auf dieser welt

ich las die bibel
und fand
achtmal „du sollst keine/nicht"
die zehn gebote (aktuelle, moderne Fassung, sie folgt der
lutherischen und römisch-katholischen Tradition)

1. ......*Du sollst keine anderen Götter haben neben mir*

2. *Du sollst den Namen des Herrn, deines Gottes,*

   nicht mißbrauchen

3. *Du sollst den Feiertag heiligen*

4. *Du sollst deinen Vater und deine Mutter ehren*

5. *Du sollst nicht töten*

6. *Du sollst nicht ehebrechen*

7. *Du sollst nicht stehlen*

8. *Du sollst nicht falsch Zeugnis reden wider*

   deinen Nächsten

9. *Du sollst nicht begehren deines Nächsten Haus*

10. *Du sollst nicht begehren deines Nächsten Weib,*

    Knecht, Magd ....

(siehe Evangelische Kirche in Deutschland
https://www.ekd.de/ Glauben, Gebote, Zehn Gebote)

nicht falsch und doch:

etwas mit mir stimmte nicht

der offizier sagte
du sollst nicht

der professor sagte
du sollst nicht

meine frau sagte
du sollst nicht

mein chef sagte
du sollst nicht

mein auftraggeber sagte
du sollst nicht

mein kollege sagte
du sollst nicht

was soll ich dann
auf dieser welt

suche
verzweifelte

in büchern
steckt viel wahrheit

sollte ich
dem geschriebenen wort glauben
dürfen ?
wo doch die gebote "schwiegen"

ich fand etwas

entscheide du
für dich

ich tat es
für mich

die „du sollst"-gebote

1. D. s.....

2. E.....

3. V.....

4. D. s.....

5. D. s.....

6. D. s.....

7. D. s.....

8. D. s.....

9. D. s.....

10. D. s.....

Aus urheberrechtlichen Gründen nicht abdruckbar.
(siehe Marlo Morgan: Traumreisende, ab Seite 335-343
Goldmann-Verlag, ISBN 3-442-30786-4)

54. Sie und ich

selbstbetrug ?

vierzig
eine tochter
alleinstehend
ruhig
fest
selbstbewusst

nicht groß
schlank, drahtig
langer hals
eckiger kopf
markant
keine großen
eher kleine brüste
vermutlich feste
halblanges
blondes haar

einfach schön

trägt schwarz
liebt silber
raucht
trinkt auch bier
gelegentlich wein

ich
ein tor
ein bär ohne honig

wird sie welchen abgeben ?

55. Hoffnung ?

ich habe sie noch für uns !

welt
sie gibt es
wie lange noch ?

frieden
ihn gibt es
nicht überall !

tag
ihn gibt es
immernoch ?

drei wörter
zusammengefügt
durch die vernunft des menschen
gibt es sie ?

welt	friedens	tag
6 mrd. menschen	leben	aktivität
reichtum	gesundheit	arbeit
not	freundschaft	erholung
hunger	liebe	familie
elend	achtung	meinungsstreit
schöne natur	tolleranz	tod
umweltzerstörung	verständnis	kummer
frieden	zukunft	zu kurz
krieg		schöne stunden
angst		lebensmut
welt	friedens	tag

meine erinnerung daran
ist verblasst
und deine ?

56. Die Teppichweber

unser familienteppich - realität

unbekannt ist er
der 4-ur-großvater

unser teppich
175 jahre lang
7 generationen breit

gewoben aus
millionen fäden
gesponnen aus
gedanken, gefühlen
siebenfach verwoben
im teppich der generationen

als der 4-ur-großvater
zu weben begann
herrschte armut
nach zehrender wanderung
ins neue
fruchtbar unbeackerte land

wohnen in der erde
im schlamm
im frostboden
ohne baum
in der entleerten steppe

sieben bauerngenerationen
entwachsen dem schoss der erde
sich ihrer bedienend
krieg und vertreibung
spinnten sich ein

wünsche und träume der kinder
kamen hinzu
frauentränen
qualen der geburt

aller sieben generationen
heißt es
büst einer für
unerledigtes
trennt den teppich ab
freiheit für
die nächsten sieben

ist dies mein los
frag

ich
vater
großvater
urgroßvater
ururgroßvater
urururgroßvater
ururururgroßvater

trennungschmerzen kenne ich
von mutter
von zuhause
von der jugendliebe
von freunden
von der ehefrau
von den kindern

von wem noch ?

57. Die Leere
es geht an die lebenswurzel

zwei jahre
jede nacht
auch am tage
muskelzuckungen
heftige
auch sehr schmerzhafte

angereichert
mit negativer energie
aus 40 jahren

sich entladend
in träumen, alpträumen
in gefühlen
am tage
die angst machten
die aggressiv machten
die empfindlich machten
gegen alltägliches
wie musik
menschen
wachsein

muskeln, angereichert
mit erfahrungen des lebens

ein menschenkrug
ein menschenleben
bildend
endlich vorbei
endlich geleert

was dann ?
ein neues leben beginnt

58. An Sie

ohne worte aber wahr

ich danke dir
für zwanzig jahre
mich zu ertragen
für die treue
mich zu versorgen
für die fürsorge
mich zu behüten
für die liebe und den sex
denn der ist lebensenergie

du hast
mich rauchend erlebt
mich saufend erlebt
mich schweigend erlebt
mich abweisend erlebt
und doch gewartet
zu gehen
bis ich
alleine gehen lernte

danke für die geduld
die rettung vor dem fall
aus dem leben
in die dunkelheit
trotz des sommertages

sei glücklich mit ihm
du hast es verdient

verzeihe mir
in dankbarkeit

59. Tagebuch einer Reise
in wirklichkeit weiß ich nichts !

in 500 tagen
auf 1250 seiten
erfasst
was ich weiß

über mich
über IHN
über die erde
über die menschen
über den körper
über den geist
über meine seele
über unfälle
und das gedächtnis der knochen
über andere
über verantwortung
über aufarbeitung von
zorn, der dich zerstört
angst, die dich auffrisst
aggression, die immer dir gilt
nicht dem angegriffenen
über träume, alpträume
über das leben
über die liebe
über den sinn
unserer reise
als ewige geister
über GOTT
über das geistige universum

über die wahrheit
die auch gilt
ohne
den glauben
daran
über die weisheit eines volkes
das steinzeitmenschen benannt wurde

über die unwissenheit
der zivilisation
die den pfad verließ
und zurück muss

kein ende
wird das tagebuch im geiste haben
selbst wenn das papier
schweigt
denn es gilt

aus IHM kommt alles
zu IHM geht alles

dazwischen liegt
bewusstsein
unseres
welches dies akzeptieren muss

das ist die einzige
wahrheit
mehr weiß ich nicht

60. Neujahrsspaziergang mit Ihr

so war es wirklich ! stadt cottbus

in erfüllung ging
der wunsch
den ich im brief erbat
spaziergang im park mit b.
entlang der spree
kaffee
eine kleinigkeit zu speisen
3 1/2 bis 4 stunden
zusammen reisen

am neujahrstag
so sollte es sein
der klare tag
voll sonne
lud ein

elfuhrdreißig
ging ich los
zu gleicher zeit ihr bus
abfuhr
als sie entstieg

da traf ich sie
und ging
3 stunden ½

ihre linke hand
auf meinem rechten arm
gans zahrt an ihrer seite

bei januarsonne, warm
und doch gekühlt
vom wind des frostes
besuchten wir
den park ihres lebens

vom bus zum gärtner
zu der eltern grab

zurück durch
den ort der jugend

gärten
wo früher wald
rechteckkästen
wo früher wiesen
stadtmauer
an deren seite
ihre wohnung hätte gern gelegen
kirche mit geld in der hand
das blinde bedacht
altmarkt
boulevard
über die brücke zum haus
aufs dachgeschoss hinauf

hier zog ich aus
ihr den mantel schwer
die stiefel klamm
und sagte
ade

ich weiß
dass ich sie wieder seh

91 jahr
graues haar
unbekannt bis heut
mit frischem geist
und ihr
war ich zu fuß
gereist
zu ihr, zu mir

Im August 1998 ergriff den Autor bei einer Beratung das Entsetzen. Er wollte seinem Gegenüber mit aller Macht in das Gesicht schlagen, ihn verprügeln. Die Hände unter den Beinen eingeklemmt überstand er diese Situation und frug sich am Abend, die nächsten Tage:

was stimmt mit mir nicht, dass ich dies tun wollte?

Der Andere vertraute mir, wäre nie auf diesen Gedanken verfallen.

Eine Reise begann, die in die tiefen der Seele vorstieß, die den Abgrund sichtbar machte, an dem wir stehen können, denn alle Seelen haben alles in sich: *Gutes* **und** *Böses*. Dies annehmen, damit umgehen lernen ist ein interessanter und schmerzhafter Prozess: Mord und Selbstmord, Aggression gegen andere, Verzweiflung, Hilflosigkeit, Hoffnungslosigkeit, suche nach dem Lebenssinn – alles überschnitt sich: Seelenrückholung im Traum, alte Verletzungen neu erleben, Freunde verlieren und neue finden, materiellen Besitz in frage stellen und aufgeben.

Übrig blieb der Schmelztiegel im Herzen, der Schlacke verbrennt und abstößt, der reines Gold gebiert, das neu formbar ist und sich dem Lebensfluss anpasst.

Übrig blieb die einzige Hilfe für unsere göttliche Seele, die Reise zu ihm, zu **GOTT**, der Glaube.

"Er versetzt Berge", reinigt unsere Seele, fängt sie auf, stützt und nährt sie.

Diese Wahrheit gilt für alle Seelen dieser Erde, die von ihm ewiges Leben geschenkt bekamen und einen freien Willen zur Liebe am anderen.